BEI GRIN MACHT SICH IHR WISSEN BEZAHLT

Einsatzbereich und Problemfelder im Social Media Recruiting

Bibliografische Information der Deutschen Nationalbibliothek:

Die Deutsche Nationalbibliothek verzeichnet diese Publikation in der Deutschen Nationalbibliografie; detaillierte bibliografische Daten sind im Internet über http://dnb.d-nb.de abrufbar.

ISBN: 9783389032299
Dieses Buch ist auch als E-Book erhältlich.

© GRIN Publishing GmbH
Trappentreustraße 1
80339 München

Druck und Bindung: Books on Demand GmbH, Norderstedt Germany
Gedruckt auf säurefreiem Papier aus verantwortungsvollen Quellen

Das Buch bei GRIN: https://www.grin.com/document/1481824

Seminararbeit

Social Media Recruiting

Einsatzbereich und Problemfelder

I. Inhaltsverzeichnis

II. Abbildungsverzeichnis:

Abbildung 1: Beliebteste und meistgenutzte Social-Recruiting Kanäle 2015

Abbildung 2: Kategorisierung der Corporate Blogs

Abbildung 3: Anzahl der Smartphone-Nutzer in Deutschland in den Jahren

III. Abkürzungsverzeichnis

BWL	Betriebswirtschaftslehre
o. J.	ohne Jahr
o. V.	ohne Verfasser
S.	Seite
sog.	sogenannte
usw.	und so weiter
z. B.	zum Beispiel

1. Einführung

Die Personalbeschaffung (Recruiting) in Unternehmen unterlag in den vergangenen Jahren einem sehr starken Wandel. Durch den demografischen Wandel und den Fachkräftemangel wird die Wahl des geeigneten Personalmarketinginstrumentes für die Gewinnung neuer Mitarbeiter zunehmend entscheidender für den Erfolg eines Unternehmens. Das Internet wird heutzutage in fast allen Lebensbereichen genutzt und wird daher immer wichtiger für Unternehmen, um neues Personal zu gewinnen. Vor allem Social-Media-Kanäle wie Facebook, XING und die Videoplattform YouTube werden stark genutzt.

In dem heutigen Arbeitsmarkt bewegt sich eine neue Generation, die sogenannte Generation Y. Diese unterscheidet sich hinsichtlich ihrer Denkweise, ihren Werten, ihrem Verhaltensmuster und der Verarbeitung von Informationen im Vergleich zu älteren Generationen (Bärmann, Frank, 2012, S. 15).

Immer weniger Menschen lesen Zeitung, somit wird das Internet für die Personalbeschaffung immer wichtiger. Deswegen verfolgt diese Seminararbeit das Ziel, den Lesern die Social Recruiting Einsatzbereiche und Problemfelder aufzuzeigen.
In der vorliegenden Arbeit werden die wichtigsten Einsatzbereiche von Social Recruiting erläutert und Probleme dargestellt. Zu den wichtigsten Einsatzbereiche zählen das soziale Netzwerk Facebook mit ca. 32 Millionen aktiven Nutzern in Deutschland, die Plattform XING mit ca. 13 Millionen Mitglieder und das Videoportal YouTube mit 6 Millionen Nutzern. Weitere Einsatzbereiche sind Weblogs, auch Blogs genannt, und das Mobile Recruiting. Das Mobile Recruiting ist sehr wichtig, da die Nutzung der mobilen Endgeräte wie Smartphones, Tablets immer mehr steigt. Des Weiteren werden die Probleme beim Social Media Recruiting betrachtet, dazu gehört der Imageverlust durch Sociale Network-Kanäle.

2. Social Recruiting

Unter Social Recruiting wird der Einsatz von Social Media für die Personalbeschaffung verstanden (o. V., o. J., agentur-jungesherz). Social Media ist der gegenseitige Austausch von Meinungen, Eindrücken und Erfahrungen mit der Hilfe von Netzwerken und Netzgemeinschaften (Bärmann, Frank, 2012, S. 20).

Folgende Ziele liegen Social Media Recruiting zugrunde:
- Die Steigerung der Bekanntheit des Unternehmens und des Employer Branding (Arbeitgebermarke.

- Verbesserung der Anzahl der Bewerbungen
- Verbesserung der Bewerbungen durch den Bewerber
- Bessere suche nach dem geeigneten Bewerber (Spitzer, Jasmin, 2017, crowdmedia).

Die Ziele des Social Recruiting können sich von Unternehmen zu Unternehmen sehr unterscheiden (Spitzer, Jasmin, 2017, crowdmedia).

3. Einsatzbereiche von Social Media Recruiting

3.1 Sozial Netzwerke

Ein soziales Netzwerk ist eine browserbasierte Software, um Kontakt mit anderen zu knüpfen. Durch die sozialen Netzwerke (siehe Abbildung 1) können Unternehmen ihre Bekanntheit steigern. Ein bedeutender Vorteil solchen Plattformen ist die schnelle Kommunikation. Dazu haben die sozialen Netzwerke besondere Funktionen implementiert, wie ein eigenes Fotoalbum, Pinnwände, um Inhalte mit anderen Kontakten auszutauschen. Durch die sozialen Netzwerke wird die Kontaktaufnahme erleichtert, da eine Kommunikation zeitunabhängig ist. Dazu bieten soziale Netzwerke ihren Nutzern die Möglichkeit, ein eignes persönliches Profil zu erstellen. Der Nutzer kann entscheiden, welche Informationen er für andere Nutzer freigibt (Hüwelmeier, Dominic, 2015, praxistipps.chip).

Abbildung 1: Beliebteste und meistgenutzte Social-Recruiting-Kanäle 2015 (o. V., o. J., prescreen)

4

3.1.1 Facebook

Facebook ist die aktuell größte Social-Media-Plattform. Facebook besitzt 2019 ca. 1,52 Milliarden aktive Nutzer im Monat (o. V., o. J., allfacebook). In Deutschland sind es ca. 32 Millionen aktive Mitglieder, davon sind täglich 23 Millionen aktiv (o. V., 2019, kontor4). Facebook ist besonders bei Studierenden sehr beliebt (Bärmann, Frank, 2012, S. 68).

Es gibt mehrere Wege, um auf Facebook E-Recruiting zu betreiben. Unternehmen können sich auf Facebook ein eigenes Firmen-Profil einrichten Texte, Bilder, Videos und auch Stellenanzeigen veröffentlichen. Eine weitere Möglichkeit ist, Stellenangebote über Facebook-Gruppen zu inserieren, um gezielt bestimmte Gruppen anzusprechen. Beispielsweise in eine Gruppe von BWL-Studenten, um einen Kandidaten für die Stelle im Consulting. Eine weitere Möglichkeit ist das Schalten von Werbung über sog. Facebook Ads. Hiermit können Zielgruppen direkt angesprochen werden. Eine weitere Möglichkeit E-Recruiting auf Facebook zu betreiben, ist die gezielte Suche nach einem Bewerber und deren direkte Ansprache (o. V., o. J., prescreen).

Facebook ist somit für das für das E-Recruiting von Interesse. Facebook besitzt eine große Reichweite, mit der viele verschiedene Personen angesprochen werden können und mit ihnen in den direkten Dialog getreten werden kann. Da Facebook von der jüngeren Generation benutzt wird, ist es sehr wichtig, dort Mitarbeiter von morgen zu suchen.

3.1.2 Xing

XING ist ein Netzwerk für Geschäftskontakte und besitzt in Deutschland, wie bereits erwähnt, ca. 13 Millionen Mitglieder. Die Plattform verfolgt geschäftliche Ziele wie Aufbau und Pflege von Kontakten, Präsentation und Repräsentation, Recruiting im Bereich der Professionals und Akquise und Vertrieb (o. V., o. J., corporate.XING).

XING bietet 4 Formen der Mitgliedschaft an:

- Kostenfreie Basis-Mitgliedschaft,
- Kostenpflichtige Premium-Mitgliedschaft
- Kostenpflichtige Nutzung des Talent Manager als Zusatzoption zur Premium-Mitgliedschaft
- Die kostenpflichtige Nutzung von Projobs, die sich an Menschen richtet die auf Jobsuche sind (Dannhäuser, Ralph, 2017, S. 1252)

5

Die wichtigste Funktion bei XING ist das persönliche Profil, das als elektronische Visitenkarte gilt.

Das Unternehmensprofil sollte für Suchende erste Informationen enthalten, die sie motiviert, sich intensiver mit ihnen also dem Arbeitgeber zu beschäftigen. Hier wird wie auf Facebook ein Profil für das Unternehmen erstellt. Dazu kann über XING das Arbeitgeberbewertungsportal KUNUNU eingebunden werden. Auf KUNUNU können alle Arbeitnehmer, Azubis, Praktikanten das Unternehmen bewerten. Eine gute Bewertung auf KUNUNU macht das Unternehmen für potenzielle Bewerber interessant. Auf XING können ebenfalls Stellenanzeigen geschaltet werden (Pötzscher, Jan, o. J., personalmanagement).

3.1.3 YouTube

2005 wurde das Videoportal YouTube gegründet. YouTube ist eine Plattform, um kostenlos Videoclips anzusehen und zu bewerten. Nutzer können auch selbst Videos hochladen. In Deutschland besitzt YouTube 6 Millionen Nutzer (o. V., 2019, kontor4).

YouTube bietet für den Personalmarketer zwei wesentliche Arten der Nutzung: das Pflegen eines eigenen Markenauftritts auf YouTube durch ein eigenes Unternehmensprofil oder die Nutzung als Infrastrukturtools. Für Recruiter ist die Suche nach geeigneteren Kandidaten unter den YouTube-Nutzern wichtig (Dannhäuser, Ralph, 2017, S. 7782).

Viele Mitglieder auf YouTube produzieren eigene Videos. Die Menschen zeigen ihre Fähigkeiten in Fotoshop, Programmierer stellen Workarounds für spezielle Probleme vor und talentierte Mitarbeiten sprechen in Interviews über ihre Arbeit (Dannhäuser, Ralph, 2017, S. 7832).

Folgende Vorteile bietet YouTube bei Social Recruiting: Gezielte Ansprache junger Bewerber, Einsatz von Influencer Marketing, Unterstützung des Employer Branding, Wahrnehmung als innovativer Arbeitgeber, Teilen von Video und das Beschleunigen des Recruiting-Vorgangs (Berger, Sonja, 2017, kalaidos-fh).

Ein gutes Beispiel für Recruiting über YouTube ist die Bundeswehr, die eine eigene Serie 2016 veröffentlichte, um junge Menschen die Bundeswehr vorzustellen und zu einer Bewerbung zu bewegen. Die Serie zeigt 12 junge Rekruten während ihrer Grundausbildung an der Marientechnikschule (Schobelt, Frauke, 2016, wuv).

3.2 Weblogs

Weblogs können vielseitig eingesetzt werden, z. B. als persönliche Online-Tagebücher, als Medien der Expertenkommunikation oder als Erweiterung der (politischen) Öffentlichkeit anwenden (o. V., o. J., elearn.hawk-hhg). 2011 wurden ca. 183 Millionen Blogs weltweit gezählt, 5 Jahre zuvor waren es noch 36 Millionen (Bärmann, Frank, 2012, S. 132).

Ein Corporate Blog (siehe Abbildung 2) oder auch Unternehmensblog dienen den Unternehmen als kommunikatives Medium. In den Beiträgen der sogenannten Corporate Blog geht es überwiegend um das Unternehmen selbst. Ein Blog bietet die Möglichkeit den Onlineauftritt des Unternehmens mit aktuellen, qualifizierten und relevanten Inhalten zu füllen (Jessika Fichtel, 2018, jf-texte). Über den Corporate Blog können ebenfalls Stelleninserate veröffentlicht werden, um neue Mitarbeiter zu gewinnen (o. V., o. J., chefblogger).

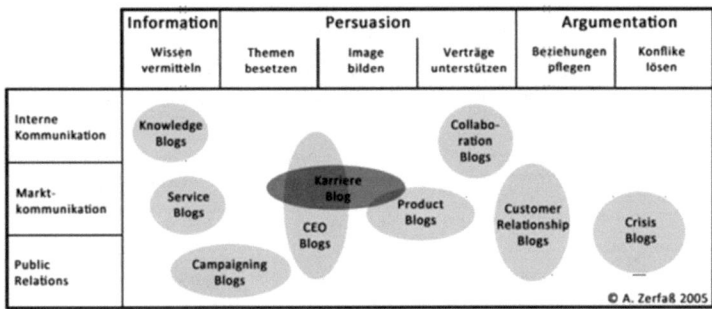

Abbildung 2: Kategorisierung der Corporate Blogs nach Zerfaß, ergänzt um Karriere Blogs (Bärmann, Frank, 2012, S. 135)

Ein Beispiel für einen gelungenen Blog ist bei TyssenKrupp Rasselstein sichtbar. Das Unternehmen hat einen zielgruppenspezifischen Blog eingerichtet. Auf dem Reiter können die Zielgruppen, die angesprochen werden sollen, gewählt werden: Auszubildende, Duale Studenten und Praktikanten. Dort werden die Ausbildungsberufe benannt und beschrieben ebenso auch bei Dualen Studiengängen. Auf dem Reiten Praktikum kann zwischen Schul- und Hochschulpraktikum gewählt werden (Dannhäuser, Ralph, 2017, Pos. 4985).

3.3 Mobile Recruiting

Unter mobiles Recruiting wird die Nutzung von mobilen Endgeräten wie Smartphone, Tablets für die Personalbeschaffung verstanden (o. V., 2018, medium)..

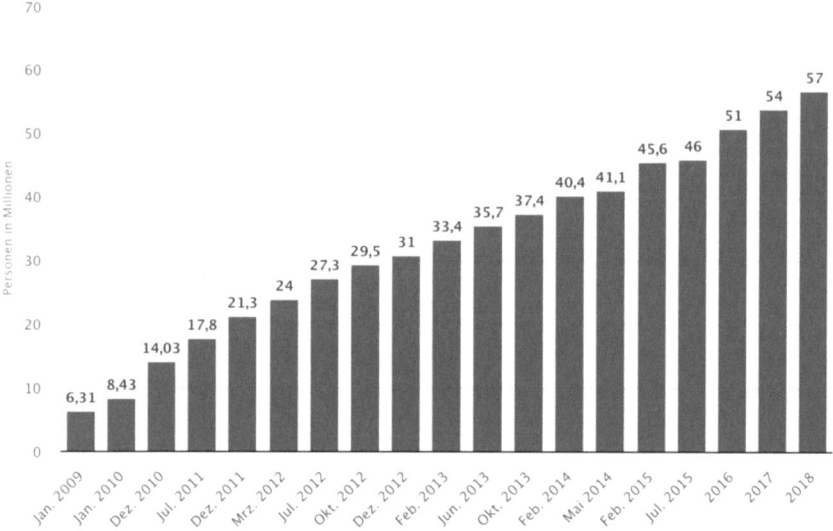

Abbildung 3: Anzahl der Smartphone-Nutzer in Deutschland in den Jahren 2009 bis 2018 (in Millionen) (o. V., 2019, de.statista)

Wie in der Abbildung 3 ersichtlich, stieg die Nutzung des Smartphones stetig an und wird so immer wichtiger. Viele Unternehmen sind auf diesen Trend umgestiegen und haben ihre Karriereseite für mobile Endgeräte optimiert (o. V., 2018, medium).

Größere Personaldienstleister bieten sogenannte Job-Apps für die Bewerber an. Das Unternehmen DIS AG bietet eine Möglichkeit, über die „Jobagent"-App ihre offenen Stellen auf das iPhone oder iPad zu übertragen. Das Jobportal JobStair hat eine eigene App „JobMap" entwickelt, mit der mittels GPS und der eigenen Position festgestellt werden kann, wo sich in der Nähe offene Stellenanzeigen befinden (Bärmann, Frank, 2012, S. 242).

4. Probleme im Social Media Recruiting

4.1 Fehler im Social Media Recruiting

Ein großes Problem beim heutigen Social Media Recruiting ist die Stellenbeschreibung. Viele Stellenangebote haben eine ähnliche Stellenbeschreibung und sind deswegen nicht sehr attraktiv. Unternehmen erwarten eine kreative Bewerbung vom Bewerber, aber sie selbst haben eine eintönige Stellenanzeige (Zehmisch, Monika, 2017, saatkorn).

Ein weiteres Problem beim Social Media Recruiting ist die Ansprache per Direktnachricht. Viele Personalmanager und Recruiter stellen eine Kontaktanfrage über ein soziales Netzwerk her, ohne den potenziellen Anwerber anzuschreiben. Eine persönliche Nachricht an den Bewerber würde positiv für das Unternehmen wirken und die Chancen erhöhen, dass der Bewerber sich für dieses Unternehmen entscheidet (Zehmisch, Monika, 2017, saatkorn).

Ein weiteres Problem ist zu wenig Abwechslung in den Recruiting-Kanälen und das ständige Wiederholen von Stellenanzeigen. Um dieses Problem zu umgehen, ist es wichtig, Stellenausschreibungen mit Personal-Nachrichten, Unternehmensnews und Bewerbertipps zu vermischen, damit ein abwechslungsreicher Inhalt entsteht (Zehmisch, Monika, 2017, saatkorn).

Die Konzentration auf nur ein Netzwerk zu lenken, ist nicht ausreichend, da sonst potenzielle Anwerber verloren gehen. Es ist wichtig, den Fokus auf viele Netzwerke zu legen, da dadurch verschiedene Bewerbergruppen angesprochen werden können (Zehmisch, Monika, 2017, saatkorn).

4.2. Imageverlust

Inhalte aus dem Internet bleiben häufig lange oder unwiderruflich bestehen, das sollten auch Unternehmen berücksichtigen. Im Internet verbreiten sich gute sowie schlechte Nachrichten sehr schnell. Das kann für Unternehmen zu einem erheblichen Imageverlust führen. Je populärer ein Unternehmen ist, desto schneller verbreiten sich Nachrichten. Sollte es zu einem Stillstand im Weblog oder sollte die Facebook-Seite nicht mehr regelmäßig gepflegt werden, so könnte dies ein Ziel von Nutzerangriffen darstellen (Bärmann, Frank, 2012, S. 250).

Schlimmere Folgen als ein schlecht gepflegtes soziales Netzwerk ist das Verhalten gegenüber anderen Nutzern. Sollte ein Mitarbeiten in einem falschen Ton einen kritisierenden Facebook-Nutzer angreifen. So würde dies sich rasant schnell verbreiten und die Folgen wären Spott und Häme. So könnten Image und Marke schnell beschädigt werden (Bärmann, Frank, 2012, S. 250).

5. Schluss

Diese Seminararbeit verfolgte das Ziel, eine übersichtliche Zusammenfassung über die Einsatzfelder und Probleme im Social Media Recruiting aufzuzeigen. Wie aus der Arbeit hervorgeht, gibt es verschiedene Einsatzfelder für das Social Media Recruiting. Besonders wichtig ist für Unternehmen ihre Unternehmensseite zu pflegen und stets aktuell zu halten. Unternehmen sollten sich mit interessanten Beiträgen das Interesse der Menschen an ihrem Unternehmen erregen.

Mit dem Social Media Recruiting können die Unternehmen gezielt auf Mitarbeitersuche gehen. Durch die verschiedenen Instrumente können gezielter Mitarbeiter angeworben werden. Durch die Funktionen bei Facebook können Abschlussstudenten angesprochen werden, die kurz vor der Jobsuche stehen. Ein wichtiger Faktor sind die eigenen Mitarbeiter, die selbst privat in den sozialen Netzwerken unterwegs sind und somit über die Erfahrung verfügen, die Unternehmensseite zu pflegen, da sie die Sprache der Community sprechen.

Für Unternehmen ist zu empfehlen, dass diese sich breit auf den sozialen Netzwerken platzieren, um somit ihre Bekanntheit und das potenzial der Bewerber zu erhöhen. Viele Menschen in Deutschland besitzen keinen Facebook Account, aber sind auf YouTube aktiv. Um so viele Menschen wie möglich zu erreichen, ist eine Unternehmensseite daher auf allen verfügbaren Plattformen zwingend sinnvoll.

Des Weiteren wurden in der vorliegenden Arbeit die Probleme beim Social Media Recruiting erläutert. So sollten Unternehmen interessante Stellenangebote erstellen, um so das Interesse der Bewerber zu generieren. Standardisierte Stellenangebote sind für Bewerber langweilig und geben dem Bewerber das Gefühl, dass es sich hier um ein langweiliges Unternehmen handelt. Eine Stellenanzeige sollte dem Bewerber stets dazu anregen, diese mit Freude zu lesen.

Ein weiteres Problem ist der Imageverlust durch unüberlegte Beiträge oder durch unüberlegte Kommentare zu Nutzernachrichten. Ein sogenannter Shitstorm kann zu einem hohen Imageverlust führen. Dieser Imageverlust kann nur schwer wieder repariert werden.

Durch die Anwendung von Social Media kann das Image am Arbeitsmarkt auf der anderen Seite auch verbessert werden. Dadurch kann auch die Qualität der Bewerbungen gesteigert werden, was den Fachkräftemangel bekämpft.

Abschließend lässt sich sagen, dass die Vorteile von Social Recruiting die Nachteile überdecken.

6. Literatur- und Quellenverzeichnis

Literatur:

Bärmann, Frank, 2012: Social Media im Personalmanagement. Facebook, Xing, Blogs, Mobile Recruiting und Co- erfolgreich einsetzen. 1. Auflage 2012

Dannhäuser, Ralph, 2017: Praxishandbuch Social Media Recruiting Experten Know-How / Praxistipps / Rechtshinweise 3. Auflage 2017

Internetquellen:

Berger, Sonja, 2017, kalaidos-fh: HR und Leadership: Social Recruiting mit Youtube (URL: **https://www.kalaidos-fh.ch/de-CH/Blogs/Posts/2017/10/hrl-1112-Social-Recruiting-YouTube** {Letzter Zugriff: 20.02.2019}**)**

Fichtel, Jessika, 2018, jf-texte: Sind Corporate Blogs auch 2018 noch Relevant? (URL: **https://jf-texte.de/gruendertipps/sind-corporate-blogs-auch-2018-noch-relevant/** {Letzter Zugriff: 20.02.2019}**)**

Hüwelmeier, Dominic, 2015: Was ist ein soziales Netzwerk? Einfach erklärt (URL: **https://praxistipps.chip.de/was-ist-ein-soziales-netzwerk-einfach-er-klaert_41331** {Letzter Zugriff 20.02.2019}**)**

o. V., 2019 kontor4: Social Media 2019: Aktuelle Nutzerzahlen (URL: **https://www.kontor4.de/beitrag/aktuelle-social-media-nutzerzahlen.html** {Letzter Zugriff: 19.02.2019}**)**

o. V., 2019, de.statista: Anzahl der Smartphone-Nutzer in Deutschland in den Jahren 2009 bis 2018 (in Millionen) (Abbildung 3) (URL: **https://de.statista.com/statistik/daten/studie/198959/umfrage/anzahl-der-smartphonenutzer-in-deutschland-seit-2010/** {Letzter Zugriff: 20.02.2019}**)**

o. V., o. J., agentur-jungesherz: Social Media Recruiting – Personalmarketing 4.0
(URL: https://www.agentur-jungesherz.de/social-media-recruiting/ {Letzter Zugriff
24.02.2019})

o. V., o. J., chefblogger: Funktioniert Recruiting über den Corporate Blog?
**(URL: https://www.chefblogger.me/2014/01/17/funktioniert-recruiting-ueber-
den-corporate-blog/** {Letzter Zugriff: 20.02.2019})

o. V., o. J., corporate.XING: Daten und Fakten
(URL: https://corporate.XING.com/de/unternehmen/daten-und-fakten/ {Letzter Zugriff: 20.02.2019})

o. V., o. J., elearn.hawk-hhg: Kleine Einführung: Was sind Weblogs
**(URL: http://elearn.hawk-hhg.de/projekte/medienidentitaet/pages/me-
dien/blogs/was-sind-blogs.php** {Letzter Zugriff: 20.02.2019})

o. V., o. J., Nutzerzahlen: Facebook, Instagram, Messenger und WhatsApp, Highlights,
Umsätze, uvm.
(URL: https://allfacebook.de/toll/state-of-facebook {Letzter Zugriff 19.02.2019})

o. V., o. J., prescreen: Facebook E-Recruting (Abbildung 1)
(URL: https://prescreen.io/de/glossar/facebook-e-recruting/ {Letzter Zugriff:
19.02.2019})

o.V., 2018, medium: Mobile Recruiting 2018: Was Personaler leisten müssen und was nie-
mand braucht.
**(URL: https://medium.com/absolventa/mobile-recruiting-2018-was-personaler-
leisten-müssen-und-was-niemand-braucht-6e4735806d38** {Letzter Zugriff:
20.02.2019})

o.V., 2018, ohrenblicke: Was ist ein Podcast?
(URL: https://www.ohrenblicke.de/hilfe/was-ist-ein-podcast#definition {Letzter
Zugriff: 20.02.2019})

Pötzscher, Jan o. J.: Die Bedeutung von Xing um Recruiting-Prozess
(URL: https://www.personalmanagement.info/hr-know-how/fachartikel/detail/die-bedeutung-von-xing-im-recruiting-prozess/ {Letzter Zugriff: 19.02.2019})

Schobelt, Frauke, 2016, wuv: Bundeswehr startet eigene Youtube-Serie „Die Rekruten"
(URL: https://www.wuv.de/marketing/bundeswehr_startet_eigene_youtube_serie_die_rekruten {Letzter Zugriff: 20.02.2019})

Spitzer, Jasmin, 2017, crowdmedia: Erfolgsmessung im Social Recruiting
(URL: https://www.crowdmedia.de/erfolgsmessung-im-social-recruiting/ {Letzter Zugriff: 25.02.2019})

Zehmisch, Monika, 2017, saatkorn: Die 6 größten Fehler im Social Media Recruiting
(URL: https://www.saatkorn.com/die-6-groessten-fehler-im-social-media-recruiting/ {Letzter Zugriff 21.02.2019})